So sag ich's meinem Kind
Workshop

Adele Faber und
Elaine Mazlish

Illustriert von Kimberly Ann Coe

Arbeitsheft

OBERSTEBRINK

Originalausgabe:

Diese Ausgabe:

Illustrationen: Kimberly Ann Coe
Satz: ISM, München
Druck: STOGA Print & Paper, Polen

Verlag: Körner Medien UG, Freiburg

info@koerner-medien.de
www.oberstebrink.de

ISBN: 978-3-934333-90-1

Ein Brief an alle Kursteilnehmer

Liebe Leserin, lieber Leser,

als neues Gruppenmitglied interessiert es dich vielleicht, wie es dazu gekommen ist, dass wir diese Gruppenübungsreihe ins Leben gerufen haben. Als wir den ersten Entwurf unseres Buches „So sag ich's meinem Kind" geschrieben hatten, druckten wir ihn einige Male aus und gaben ihn einigen Eltern, um zu erfahren, was sie davon hielten. Wir bekamen von diesen Eltern einige hervorragende Verbesserungsvorschläge als Rückmeldung und eine Frage tauchte immer wieder auf: „Wie machen wir weiter?"

Alle wünschten sich die Möglichkeit, sich über die Ideen aus dem Buch mit anderen Eltern auszutauschen. Sie wollten erfahren, wie die Methoden in anderen Familien mit anderen Kindern eingesetzt wurden und sie wünschten sich eine Gelegenheit, ihre neuen Methoden in der Gruppe zu üben.

Wir wussten ihr Verlangen nach einer Gruppenerfahrung zu schätzen. Wir waren zehn Jahre lang Mitglieder von Dr. Haim Ginotts Elternberatungskursen gewesen und uns der Unterstützung und zusätzlichen Einsichten wohl bewusst, die man in der Gruppe erfahren kann. Deshalb dachten wir ernsthaft über die Anfrage nach. Sicherlich war es möglich das Material aus dem Buch so zu bearbeiten, dass es von Gruppen genutzt werden könnte. Aber eine Gruppe braucht einen Leiter. Wie würden wir da herumkommen?

In wessen Verantwortung würde der Mechanismus liegen, die Treffen tatsächlich zu leiten?

Es könnte einen Vorsitzenden geben, der alle nötigen Anweisungen aus einem speziellen Gruppenleiterheft beziehen würde. Ihre oder seine Aufgabe wäre es, zuzusehen, dass das ganze Material abgedeckt würde. Sie oder er würde die Übungen vorstellen, zusammenfassen und allgemein alles am Laufen halten. In der Verantwortung der Gruppe würde es liegen, den Vorsitzenden zu unterstützen und mit ihm zusammenzuarbeiten. Es könnte einen Vorsitzenden für alle Sitzungen geben oder vielleicht würden die Gruppenmitglieder sich gerne abwechseln.

Aber was wäre, wenn ein oder zwei Gruppenmitglieder das Gespräch in eine Richtung lenken würden, die einfach nicht sicher oder angebracht für eine Gruppe ohne Leitung wäre? Angenommen jemand würde im Privatleben eines anderen Gruppenmitglieds herumschnüffeln, es kritisieren, bewerten, analysieren. Wer wäre verantwortlich dafür, das zu unterbinden? Wer würde darauf achten, dass alle wirklich beim Thema Kommunikationsmethoden blieben? Wer würde dafür sorgen, dass die Treffen nicht zu führungslosen Selbsthilfegruppen oder „Do-it-yourself"-Gruppentherapiesitzungen ausarteten?

Wir würden eine klar verständliche Liste mit Grundregeln schreiben, um die Würde und die Privatsphäre aller Teilnehmer zu gewährleisten. Wir würden die Gruppenmitglieder bitten, die Regeln laut zu lesen, sodass sich alle der Probleme bewusst wären, die entstehen könnten. In anderen Worten wäre jede Gruppe dafür verantwortlich, sich selbst zu überwachen.

Wie war es mit all den Fragen, die Eltern während einer Sitzung stellen? Wer würde ihnen dabei helfen ihre „Ja-aber"s und „Was-wenn"s zu ergründen?

Mit vielen ihrer Fragen würden wir uns im Frage-und-Antwort-Kapitel von „So sag ich's meinem Kind" beschäftigen. Wir würden auch Abschnitte aus unserem ersten Buch „Entspannte Eltern – entspannte Kinder" einfügen, um die Kurserfahrung zu erweitern. Die Eltern könnten auch die Literaturangaben als weiteres Hilfsmittel nutzen.

Aber es würde auf jeden Fall ein paar Dinge geben, die wir nicht vorhersehen konnten und die wir nicht beantworten können würden, einfach weil wir nicht da waren.

Das nahm uns kurzfristig den Wind aus den Segeln. Dann erinnerten wir uns daran, dass es, egal ob wir da waren, oder nicht, nicht unsere Aufgabe war, jedes Problem zu lösen oder den Leuten zu sagen, was sie zu tun hatten. Unsere Aufgabe bestand darin, zu teilen, was wir gelernt hatten – von Dr. Ginott, aus unserer eigenen Erfahrung, aus den Büchern, die wir gelesen hatten, und aus den Kursen, die wir geleitet und besucht hatten – sodass die Eltern, mit diesen Informationen gerüstet, sich selbst sagen konnten, was zu tun war.

Als wir uns selbst überzeugt hatten, machten wir uns an die Arbeit, das Material in unserem Buch für die Gruppe zu übertragen und anzureichern. Als wir fertig waren, nahmen wir uns ein Jahr Zeit, um unseren neuen Kurs mit verschiedenen Gruppen in Städten und Vorstädten zu testen. Woche für Woche saßen wir in einer Ecke und sahen Eltern dabei zu, wie sie die Übungen machten, Rollenspiele durchführten und über ihre Reaktionen diskutierten. Nach jeder Sitzung beratschlagten wir uns ausführlich mit den Eltern. Sie teilten uns mit, welche Übungen ihnen hilfreich erschienen und welche verwirrend. Wir schrieben um, verfeinerten und testeten erneut, bis sich alle einig waren. Der Kurs mit dem du in Kürze beginnen wirst ist das Ergebnis dieser Zusammenarbeit.

Wir wünschen dir ein aufregendes und bereicherndes Lernabenteuer.

Mit herzlichen Grüßen,

Elaine Mazlish
Adele Faber

VERHALTENSREGELN

I. **Niemand in der Gruppe soll die Beweggründe eines anderen Teilnehmers analysieren oder interpretieren.**

Beispiel: „Ich glaube, in Wirklichkeit hast du dein Kind angeschrien, weil du mit deinem Mann gestritten hast."

II. **Niemand in der Gruppe soll im Privatleben eines anderen Teilnehmers herumschnüffeln.**

Beispiel: „Wenn dein Sohn sich so darüber ärgert, dass er seinen Vater nicht oft genug sieht, wieso kann dein Mann seine Arbeitszeiten nicht anpassen und früher nach Hause kommen? ... Könnte er morgens nicht fünfzehn Minuten früher aufstehen? ... Wann geht er abends ins Bett?"

III. **Niemand in der Gruppe soll einen anderen Teilnehmer bewerten oder verurteilen.**

Beispiel: „Ich glaube nicht, dass du damit richtig umgegangen bist. Du warst viel zu tolerant."

IV. **Sämtliche Informationen über andere Gruppenteilnehmer oder deren Kinder müssen vertraulich behandelt werden.**

Es geht niemanden etwas an, wessen Kind ins Bett macht, am Daumen lutscht oder seinen kleinen Bruder schlägt.

V. **Niemand in der Gruppe soll einem anderen Teilnehmer unaufgefordert Ratschläge geben.**

Beispiel: „Ich finde, wenn dein Sohn sein Pausenbrot nicht isst, solltest du es in den Kühlschrank legen und ihm nochmal als Abendessen vorsetzen."

Wenn ein Teilnehmer dich nach Rat fragt, kannst du:

1. *Deine Eigenen Erfahrungen als Elternteil wiedergeben* (Sei dir dabei bewusst, dass das, was du mit deinem Kind gemacht hast, für eine andere Mutter oder einen anderen Vater und ihr oder sein Kind vielleicht nicht das Richtige ist.)

   Bespiel: „Ich habe festgestellt, dass meine Tochter eher bereit war, ihr Pausenbrot zu essen, wenn ich ihr nur ein halbes eingepackt habe."

2. *Deine eigenen Kindheitserfahrungen wiedergeben*

   Beispiel: „Ich erinnere mich, dass ich Pausenbrote gehasst habe. Ich habe in der Schule immer den Käse und die Wurst heruntergenommen und die Brotscheiben weggeworfen."

3. *Deine Vorschläge mit den Worten „Wie wäre es für dich ...?" beginnen*

   Beispiel: „Wie wäre es für dich, wenn du die Zutaten für das Pausenbrot auf den Tisch legen würdest und ihn sein eigenes Brot machen ließest?"

Hinweis der Autorinnen:

Bitte versuche der Versuchung zu widerstehen, durch dieses Arbeitsheft zu blättern und vorauszulesen. Diese Übungen funktionieren am besten, wenn alle gemeinsam dieselbe Seite betrachten.

Inhalt

1. TREFFEN

Kindern dabei helfen, mit ihren Gefühlen umzugehen

ANTWORTEN, WELCHE DIE GEFÜHLE NICHT ANERKENNEN

1. *Kind:* Ich mag das neue Baby nicht.

Elternteil: (das Gefühl nicht anerkennend) ______________________________

____

____

2. *Kind:* Meine Geburtstagsfeier war blöd. (Nachdem du dich sehr angestrengt hast, seinen Geburtstag zu einem wundervollen Tag für ihn zu machen.)

Elternteil: (das Gefühl nicht anerkennend) ______________________________

____

____

3. *Kind:* Meine Zahnspange tut weh. Ich trage sie nicht mehr. Es ist mir egal, was der Kieferorthopäde sagt!

Elternteil: (das Gefühl nicht anerkennend) ______________________________

____

____

4. *Kind:* Ich bin so wütend! Nur, weil ich zwei Minuten zu spät in der Sporthalle war, hat mich der Trainer aus der Mannschaft geworfen.

Elternteil: (das Gefühl nicht anerkennend) ______________________________

____

____

WAS IST „AUS DEM BAUCH HERAUS" DEINE REAKTION:

1. **Leugnen der Gefühle** („Es gibt keinen Grund sich aufzuregen.")
   Deine Reaktion: ______________________________

   ____

   ____

   ____

2. **Die philosophische Antwort („So ist halt das Leben.")**
   Deine Reaktion: ______________________________

   ____

   ____

   ____

3. **Ratschlag** („Du solltest Folgendes machen ...")
   Deine Reaktion: ______________________________

   ____

   ____

   ____

4. **Fragen**
   („Wieso hast du ...?" ... „Wieso hast du nicht ...?")
   Deine Reaktion: ______________________________

   ____

   ____

   ____

- Fortsetzung auf der nächsten Seite -

5. **Verteidigung der anderen Person** („Betrachte es doch einmal aus seinem Blickwinkel.“)

   Deine Reaktion: ______________________________

   ____

   ____

   ____

6. **Mitleid** („Du armer Kerl.“)

   Deine Reaktion: ______________________________

   ____

   ____

   ____

7. **Amateur-Psychoanalyse** („Ich sage dir, weshalb du dir in Wirklichkeit Sorgen machst.“)

   Deine Reaktion: ______________________________

   ____

   ____

   ____

8. **Enfühlsame Antwort – Ein ernsthafter Versuch die Gefühlsrealität des anderen zu erreichen.** („Das muss ganz schön schwer für dich gewesen sein.“)

   Deine Reaktion: ______________________________

   ____

   ____

   ____

HÖRE MIT VOLLER AUFMERKAMKEIT ZU

ZEIGE VERSTÄNDNIS FÜR DIE GEFÜHLE DEINES KINDES

GIB DEN GEFÜHLEN DEINES KINDES EINEN NAMEN

GIB DEN WÜNSCHEN DEINES KINDES IN DER FANTASIE NACH

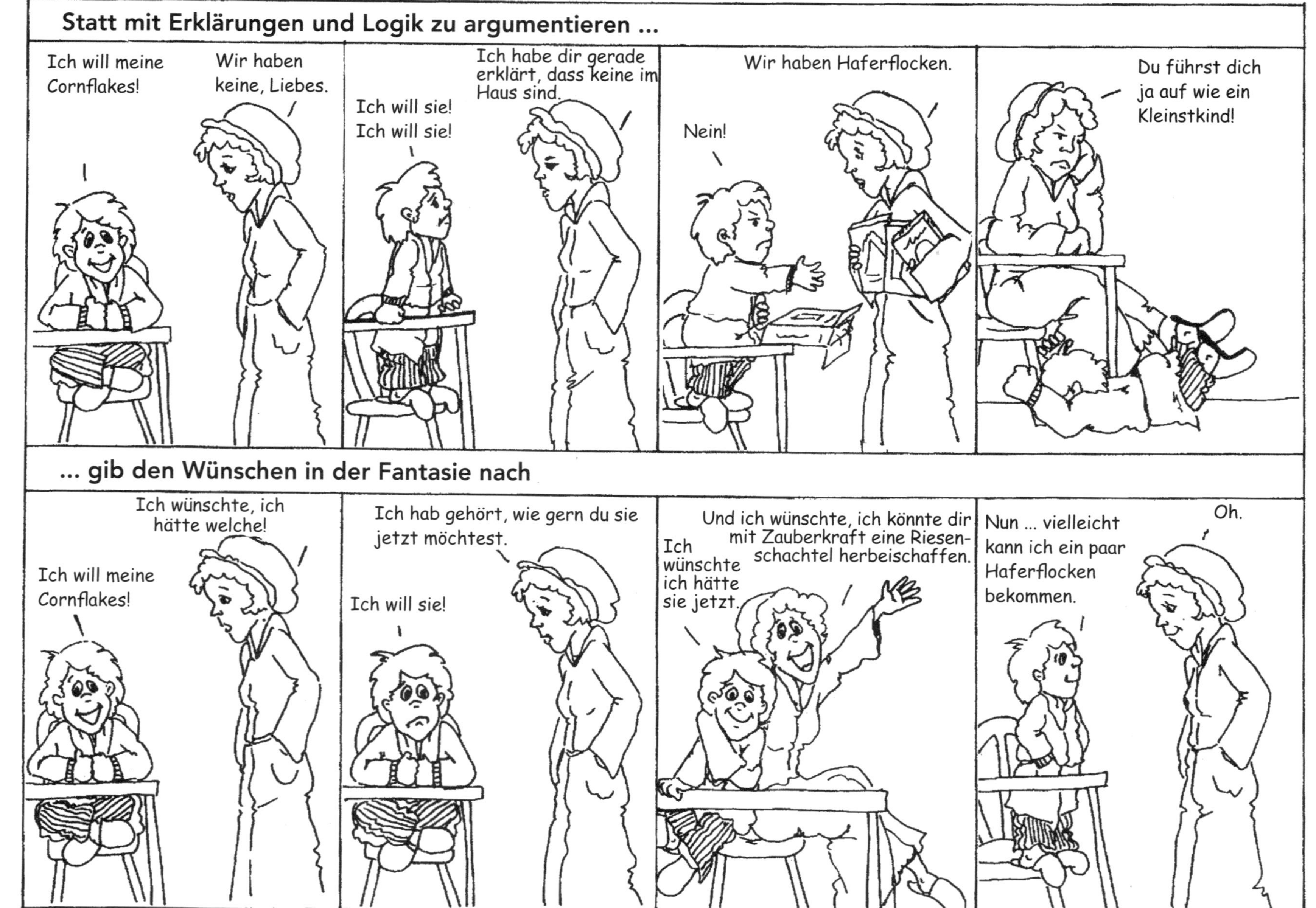

GEFÜHLE ANERKENNEN

Das Kind sagt:	Ein Wort, das beschreibt, was Ihr Kind vielleicht fühlt:	Verwende das Wort in einer Aussage, die zeigt, dass du das Gefühl verstehst (Stelle keine Fragen und gib keine Ratschläge):
Beispiel: a. „Der Busfahrer hat mich angeschrien und alle haben gelacht.“	peinlich	Das muss peinlich gewesen sein oder Klingt als ob es peinlich gewesen wäre oder Das könnte peinlich gewesen sein
b. „Ich möchte diesem Michael eins auf die Nase hauen!“		
c. „Nur wegen des bisschen Regens werden wir unseren Ausflug nicht machen, hat meine Lehrerin gesagt. Sie ist blöd.“		
d. „Maria hat mich zu ihrer Party eingeladen, aber ich weiß nicht ...“		
e. „Ich weiß nicht, warum Lehrer einem immer so viele Hausaufgaben übers Wochenende aufbrummen müssen.“		
f. „Wir hatten heute Basketballtraining und ich konnte den Ball nicht ein einziges Mal hineinkriegen.“		
g. „Janin zieht weg; dabei ist sie doch meine beste Freundin.“		

DIE SITUATION DER ELTERN TEIL I

Dein fünfjähriges Kind hat im Fernsehen Werbung für den Zirkus gesehen und bettelt nun, dass du mit ihr oder ihm hingehst. Du fragst dich, ob fünf nicht zu jung ist, aber du lässt dich darauf ein und kaufst Eintrittskarten. Als der große Tag gekommen ist, gehst du aufs Ganze. Du sagst „Ja“ zu Zuckerwatte, einem Helium-Luftballon, einer überteuerten Bratwurst und einer Flasche Limo.

Auf dem Nachhauseweg ist dein Kind für eine Weile still. Dann verkündet es missmutig: „Der Zirkus war blöd.“

Du wirst diese Szene zweimal spielen. Beim ersten mal wirst du alle Gefühle, die dein Kind hat, herunterspielen. Jede der folgenden Aussagen wäre ein passender Einstieg. (Wenn sie dir nicht gefallen, denke dir eigene aus.)

„Er war überhaupt nicht blöd. Er war wunderbar.“

„Ich dachte mir schon, dass ich nicht mit dir in den Zirkus gehen sollte. Du bist einfach noch zu jung für so etwas.“

„Ach, dir kann man es einfach nicht recht machen.“

„Allen anderen Kindern hat es gut gefallen.“

„Das war das letzte Mal, dass ich dich mit in den Zirkus genommen habe!“

Führe das Gespräch mit deinem Kind auf diese Weise fort. Egal was es sagt, bleibe dabei, seine Gefühle zu verleugnen. Versuche es davon zu überzeugen, dass es unrecht damit hat, so zu fühlen, wie es das tut. Wenn es nichts mehr zu sagen gibt, nimm dir einen Moment Zeit, um die folgende Frage zu beantworten:

Wie hast du dich während dieses Gesprächs gefühlt? ______________________________

____

(Wenn du die Frage beantwortet hast, wende dich der nächsten Seite zu und lies die Anweisungen für den zweiten Teil.)

DIE SITUATION DER ELTERN TEIL II

Die Situation ist dieselbe, aber diesmal wirst du wirklich zuhören. Dein Kind wird die Szene mit derselben Beschwerde eröffnen: „Der Zirkus war blöd!“ Widersteh der Versuchung zu fragen: „Wieso sagst du das?“ (Eine Frage wie diese setzt ein Kind unter Druck, eine vernünftige Antwort zu finden. Oft weiß es aber nicht, wieso es solche Gefühle hat.) Versuche stattdessen ernsthaft seine Gefühle zu akzeptieren und zu reflektieren. Hier ein Beispiel, wie euer Gespräch beginnen könnte:

Kind:	Der Zirkus war blöd!
Elternteil:	Klingt so, als ob es dir wirklich nicht gefallen hat.
Kind:	Ja, es war so blöd.
Elternteil:	Etwas an diesem Zirkus hat dich wirklich gestört.

Höre weiter aufmerksam zu, während du und dein Kind miteinander sprecht. Deine Aussagen sollten zeigen, dass du alle Gefühle die dein Kind ausdrückt, sowohl hören als auch akzeptieren kannst. Zum Beispiel:

„Das hat dich also verärgert. Es hat dir nicht gefallen, dass ...“

„Oh, das hat dich auch gestört.“

„Verstehe. Der Zirkus hätte dir besser gefallen, wenn ...“

Bedanke dich am Ende des Gesprächs bei deinem Kind dafür, dass es dir von seinen Gefühlen erzählt hat.

Wenn du fertig bist, notiere deine Antworten auf die folgenden Fragen:

1. Welche Gefühle hattest du während des Gesprächs deinem Kind gegenüber? ________

   ____

2. Wie hast du dich selbst gefühlt? ________________________

   ____

   ____

DIE SITUATION DES KINDES – TEIL 1

Du bist fünf Jahre alt und nachdem du seit Wochen bei deinen Eltern bettelst, wirst du nun endlich zum ersten Mal den Zirkus sehen. Du bist so aufgeregt, dass du kaum warten kannst. Als der große Tag endlich da ist, ist es überhaupt nicht so, wie du es dir vorgestellt hast. Das einzig Gute sind die Clowns und die Zuckerwatte. Alles andere ist gruselig und macht dich nervös. Aber alle anderen Kinder, die da sind, scheinen den Zirkus toll zu finden, also tust du so, als ob er dir auch gefällt. Auf dem Nachhauseweg mit deinen Eltern denkst du an all die Dinge, die dir nicht gefallen haben:

Der Geruch der Tiere hat dir den Magen umgedreht. Du musstest dir die Nase zuhalten.

Die Nummern auf dem hohen Seil haben dir Angst gemacht – besonders die ohne Netz. Was wäre, wenn der Mann mit dem Mädchen auf seinen Schultern heruntergefallen wäre?

Und richtig schlimm war die Menschenmenge – da waren mehr Menschen, als du je in deinem Leben gesehen hast! Alle haben gedrängelt. Was, wenn du verlorengegangen wärst? Wie könntest du deine Mutter oder deinene Vater je wiederfinden, an diesem riesigen Ort? (Wenn du irgendwelche eigenen unangenehmen Erinnerungen an den Zirkus hast, kannst du sie hier ergänzen.) Du willst diese Dinge deinen Eltern erzählen, aber du willst nicht wie ein Baby klingen, also beginnst du die Szene, indem du mit dem Satz herausplatzt:

„Der Zirkus war blöd!“

Versuche im weiteren Gesprächsverlauf deinen Vater oder deine Mutter dazu zu bringen, deine Gefühle zu verstehen. Wenn euer Gespräch zu Ende ist, beantworte bitte die folgenden Fragen:

1. Wie hast du dich gefühlt, als du mit deinem Vater oder deiner Mutter gesprochen hast?

   ____

   ____

2. Welche Meinung hattest du über den Zirkus, als das Gespräch zu Ende war?

   ____

   ____

(Wenn du die obenstehenden Fragen beantwortet hast, wende dich der nächsten Seite zu und lies die Anweisungen für den zweiten Teil.)

DIE SITUATION DES KINDES – TEIL 2

Die Situation ist genau dieselbe, nur wird dein Gesprächspartner diesmal anders reagieren. Du beginnst den Dialog wieder, indem du erneut herausplatzt mit:

„Der Zirkus war blöd!“

Versuche wieder deine Eltern dazu zu bringen, zu verstehen, was dir an dem Zirkus nicht gefallen hat.

Wenn euer Gespräch zu Ende ist, beantworte bitte die folgenden Fragen:

1. Wie hast du dich diesmal gefühlt, während du mit deinem Vater/deiner Mutter gesprochen hast?

____

____

____

2. Welche Meinung hattest du über den Zirkus, als das Gespräch zu Ende war?

____

____

____

HAUSAUFGABE

1. Führe in dieser Woche mindestens ein Gespräch mit einem Kind, in dem du seine oder ihre Gefühle akzeptierst. Notiere das Gesagte kurz auf den Zeilen unten, solange du es noch frisch im Gedächtnis hast. Wir werden unsere nächste Sitzung damit beginnen, unsere Gesprächserfahrungen miteinander zu teilen. (Wenn du mehr Platz brauchst, benutze die Rückseite dieses Blattes.)

   Kind: ______________________________

   Eltern: ______________________________

   Kind: ______________________________

   Eltern: ______________________________

   ____

   ____

   ____

2. Lies den zweiten Teil des ersten Kapitels in *So sag ich's meinem Kind. (S. 39 ff.)* Dort findest du weitere Kommentare zu den Methoden, häufig gestellte Fragen und Beispiele für die individuelle Vorgehensweise anderer Eltern, die zeigen, wie sie ihre neuen Methoden in ihren Familien eingesetzt haben.

3. Lies auch die ersten vier Kapitel in *Entspannte Eltern – entspanne Kinder*, in denen die Autorinnen beschreiben, welche Erfahrungen sie selbst gesammelt haben, als sie lernten, mit den Gefühlen ihrer Kinder umzugehen.

4. Bereite dich darauf vor, der Gruppe mindestens eine Idee aus dem Text vorzustellen, die du interessant oder hilfreich fandest.

   ____

   ____

   ____

* *Anmerkung der Autorinnen:* Wir wissen, dass es dir vielleicht nicht leichtfällt eine Lese- und Schreibaufgabe in deinen ohnehin übervollen Alltag zu integrieren. Allerdings wächst der Nutzen, den diese Sitzungen haben, proportional zu dem Maß, in dem sich jeder von euch daran beteiligt. Deine individuellen Erfahrungen mit diesen Methoden ... ob positiv oder negativ ... und deine individuelle Reaktion auf das Gelesene verschaffen der restlichen Gruppe Erkenntnisse und Inspiration.

Hinweis: Wenn eure Treffen von einem professionellen Mentor oder Gruppenleiter geleitet werden, kannst du diese Seite überspringen.

Ein(e) Vorsitzende(r) für sieben Sitzungen

Einige Vorteile:

1. Es ist dauerhaft klar, wer die Leitung hat. Manchen Gruppen gefällt es, zu wissen, dass jede Woche dieselbe Person den Vorsitz hat.
2. Es besteht die Möglichkeit, dass die Sitzungen reibungsloser ablaufen, weil der/die Vorsitzende mit den Abläufen vertraut ist.

Einige Nachteile:

1. Für eine einzelne Person kann es eine Last darstellen, verantwortlich dafür zu sein, alle sieben Sitzungen vorzubereiten.
2. Die Gruppe zu leiten und gleichzeitig daran teilzunehmen setzt besonders große Konzentration voraus.
3. Wenn eine enzelne Person alle Sitzungen leitet, entsteht bei den Gruppenmitgliedern manchmal das Gefühl, es mit einem Experten zu tun zu haben, und sie wenden sich bei Fragen nur noch direkt an diese Person.

Sich mit dem Vorsitz abwechseln

Einige Vorteile:

1. Wenn verschiedene Personen sich mit der Leitung abwechseln, ist es für alle in der Gruppe ersichtlich, dass niemand ein Experte ist – dass die Rolle des Vorsitzenden darin besteht, einfachen schriftlichen Vorgaben zu folgen.
2. Gruppenmitglieder, die die Rolle des Vorsitzenden inne hatten, neigen dazu, sich mehr Mühe dabei zu geben, die Sitzungen erfolgreich zu gestalten.
3. Die Belastung durch die wöchentliche Vorbereitung ist gleichmäßiger verteilt.

Einige Nachteile:

1. Es kann lästig sein, entscheiden zu müssen, wer welche Sitzung übernimmt, und daran denken zu müssen, das Gruppenleiterheft und die CDs an den nächsten Vorsitzenden weiterzugeben.

ERINNERUNGSKARTE

Um Kindern zu zeigen, dass du ihre Gefühle akzeptierst und respektierst, kannst du ...

1. **Ruhig und aufmerksam zuhören**
2. **Gefühle mit einem Wort bestätigen**
   „Oh ... Mhm ... Tatsächlich ... Interessant ..."
3. **Dem Gefühl einen Namen geben**
   „Du klingst wütend", „Du siehst traurig aus."
4. **Ihre Wünsche in der Fantasie erfüllen**
   „Ich wünschte, ich könnte die Banane sofort für dich reif machen."

* * *

Alle Gefühle können akzeptiert werden.
Bestimmte Handlungen müssen unterbunden werden.

„Ich kann sehen, wie wütend du auf deinen Bruder bist. Sag ihm mit Worten, was du möchtest, nicht mit den Fäusten."

Vielleicht findest du es nützlich diese und die folgenden Erinnerungskarten auszuschneiden und sie an einem strategischen Platz abzulegen.

2. TREFFEN

Die Zusammenarbeit mit den Kindern fördern

DOs

Im Laufe eines einzelnen Tages, sorge ich dafür,
dass mein Kind/meine Kinder Folgendes tut/tun:

Morgens

Nachmittags

Abends

DON'Ts

Im Laufe eines einzelnen Tages, sorge ich dafür,
dass mein Kind/meine Kinder Folgendes nicht tut/tun:

Morgens

Nachmittags

Abends

BESCHREIBE

Beschreibe, was du siehst oder beschreibe das Problem.

INFORMIERE

Statt zu beschuldigen oder zu beleidigen ...
... informiere
Wer hat Milch getrunken und die Flasche draußen stehen lassen?
Kinder, die Milch wird sauer, wenn ihr sie nicht in den Kühlschrank stellt.
Das ist ekelhaft! Schau dir bloß die Apfelgehäuse in deinem Bett an. Du lebst wie ein Schwein!
Apfelgehäuse gehören in den Mülleimer.
Wenn ich dich noch einmal dabei erwische,dass du Wände beschmierst, passiert aber was!
Wände sind nicht zum Beschmieren da. Dafür gibt's Papier.
Dir fällt wohl nicht ein, mir bei der Hausarbeit ein wenig zur Hand zu gehen?
Es wäre mir eine Hilfe, wenn du den Abendbrottisch decken würdest.

SAG ES MIT EINEM WORT

Rede über deine Gefühle

Kommentiere nicht den Charakter oder die Persönlichkeit des Kindes.

SCHREIBE EINE NACHRICHT

DIE ZUSAMMENARBEIT FÖRDERN

Übung I

Du kommst ins Schlafzimmer und siehst, dass dein frisch gewaschenes Kind gerade ein nasses Handtuch auf dein Bett geworfen hat.

A. Schreibe eine typische Aussage auf, die deinem Kind nicht helfen würde.

____

____

B. Zeige in derselben Situation, wie jede der folgenden Methoden genutzt werden könnte, um dein Kind zur Mitarbeit aufzufordern.

1. Beschreibe:
   (Beschreibe, was du siehst, oder beschreibe das Problem.)

   ____

   ____

2. Informiere:

   ____

   ____

3. Sag es mit einem Wort:

   ____

   ____

4. Rede über deine Gefühle.

   ____

   ____

– Fortsetzung auf der nächsten Seite –

5. Schreibe eine Nachricht:

____

____

Übung II

Du hast gerade fünf verschiedene Methoden auf ein und dieselbe Situation angewandt. Wähle in der nächsten Situation die Methode aus, von der du denkst, dass sie am effektivsten bei deinen Kindern wäre. (Wenn du nicht sicher bist, kannst du jede davon im Rollenspiel ausprobieren, um herauszufinden, auf welche du als Kind am ehesten reagieren würdest.)

Situation A. Du machst gerade ein Päckchen fertig und kannst deine Schere nicht finden. Dein Kind besitzt selbst eine Schere, leiht sich aber ständig deine aus und gibt sie nicht zurück.

Äußerung, die nicht hilft:

____

____

Hilfreiche Äußerung:

____

____

Welche Methode habe ich angewandt:

____

____

– Fortsetzung auf der nächsten Seite –

Situation B. Dein Kind lässt meist seine Turnschuhe mitten im Weg stehen.

Äußerung, die nicht hilft:

Hilfreiche Äußerung:

Angewandte Methode:

Situation C. Dein Kind hat gerade seinen nassen Regenmantel in den Schrank gehängt.

Äußerung, die nicht hilft:

Hilfreiche Äußerung:

Angewandte Methode:

– Fortsetzung auf der nächsten Seite –

Situation D. Du merkst, dass dein Kind sich in letzter Zeit die Zähne nicht putzt.

Äußerung, die nicht hilft:

Hilfreiche Äußerung:

Angewandte Methode:

Situation E. Du schaust aus dem Fenster und bemerkst, dass dein (gerade) erwachsenes Kind die Scheinwerfer des Autos wieder brennen hat lassen.

Äußerung, die nicht hilft:

Hilfreiche Äußerung:

Angewandte Methode:

Welche der Beispiele von Seite 23 (DOs and DON'Ts) könnten von einer Methode oder einer Kombination von Methoden profitieren? (Du kannst auch die Methoden aus der ersten Sitzung über das Akzeptieren von Gefühlen hinzuziehen.)

„Was mein(e) Kind(er) nicht tun sollte(n)"	***Methode(en)***

HAUSAUFGABE

1. Eine nicht gerade hilfreiche Bemerkung, die ich diese Woche nicht gemacht habe:

   ____

   ____

   ____

2. Eine neue Methode, die ich diese Woche angewandt habe:

   Situation: ________________________________

   ____

   ____

   ____

   Methode: ________________________________

   Reaktion des Kindes: __________________________

   ____

3. Eine Nachricht, die ich geschrieben habe: (Benutze die Rückseite dieses Blattes.)

4. Lies den zweiten Teil des zweiten Kapitels in *So sag ich's meinem Kind.* (ab S. 98)
   Lies Kapitel 8 in *Entspannte Eltern – entspannte Kinder.* (S. 133)

5. Bereite dich darauf vor, der Gruppe mindestens eine Idee aus dem Text vorzustellen, die du interessant oder hilfreich fandest.

   ____

   ____

   ____

   ____

ERINNERUNGSKARTE

Um die Zusammenarbeit mit Kindern zu fördern ...

1. **Beschreibe was du siehst oder beschreibe das Problem**
   „Ein nasses Handtuch liegt auf dem Bett.“
2. **Informiere**
   „Das Handtuch macht meine Decke nass.“
3. **Sag es mit einem Wort**
   „Handtuch!“
4. **Rede über deine Gefühle**
   „Ich schlafe nicht gern in einem nassen Bett!“
5. **Schreibe eine Nachricht**
   (und lege sie auf das Handtuch)
   Bitte häng mich zurück, damit ich trocknen kann.
   Danke!
   Dein Handtuch

3. TREFFEN

Alternativen zur Bestrafung

EINIGE ALTERNATIVEN ZUR BESTRAFUNG

Lass das Kind die Konsequenzen seines Verhaltens spüren (ohne zu belehren oder zu moralisieren)

ALTERNATIVEN ZUR BESTRAFUNG

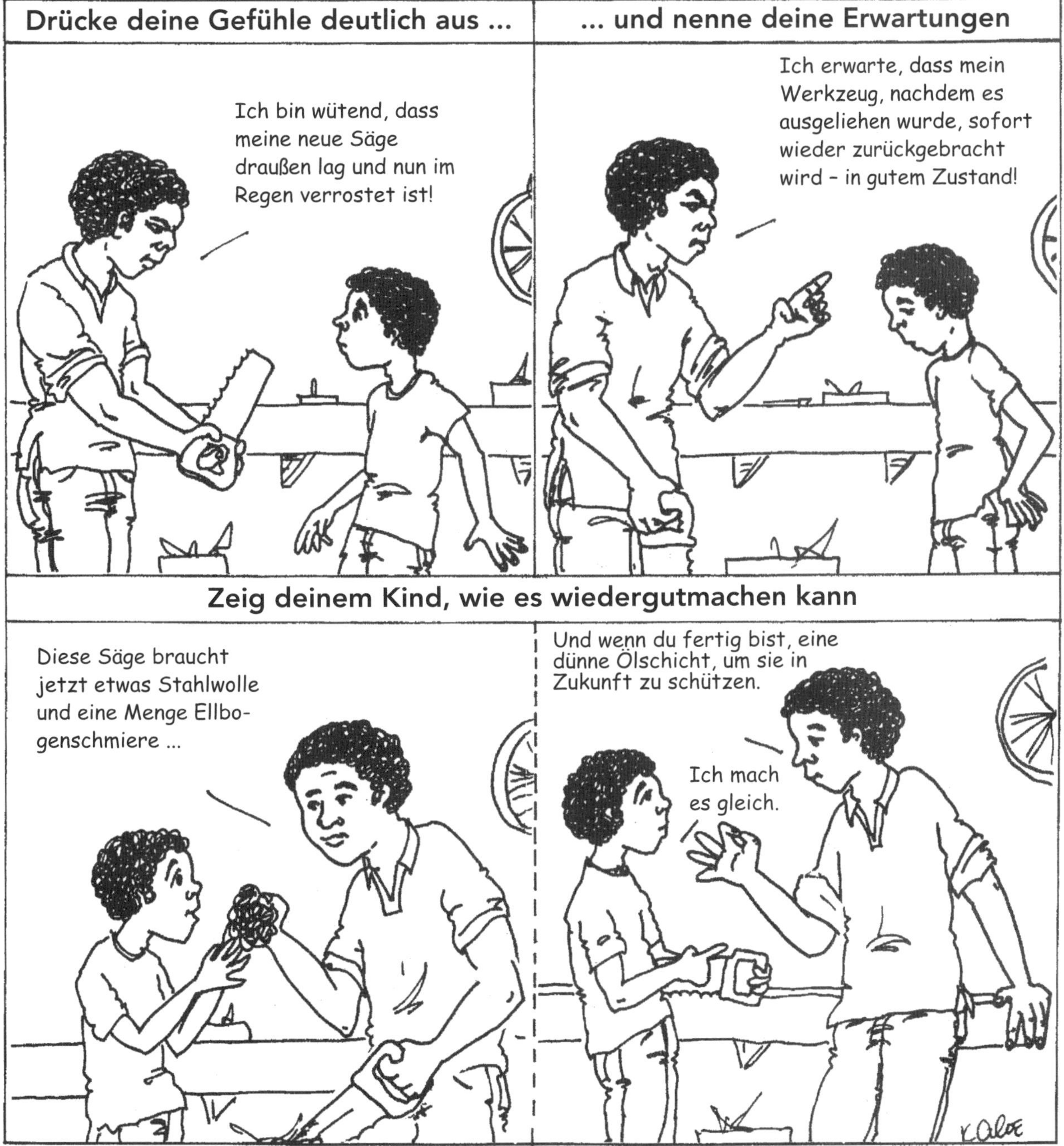

ALTERNATIVEN ZUR BESTRAFUNG (Fortsetzung)

Aber was, wenn das Kind weiterhin ausleiht und vergisst?

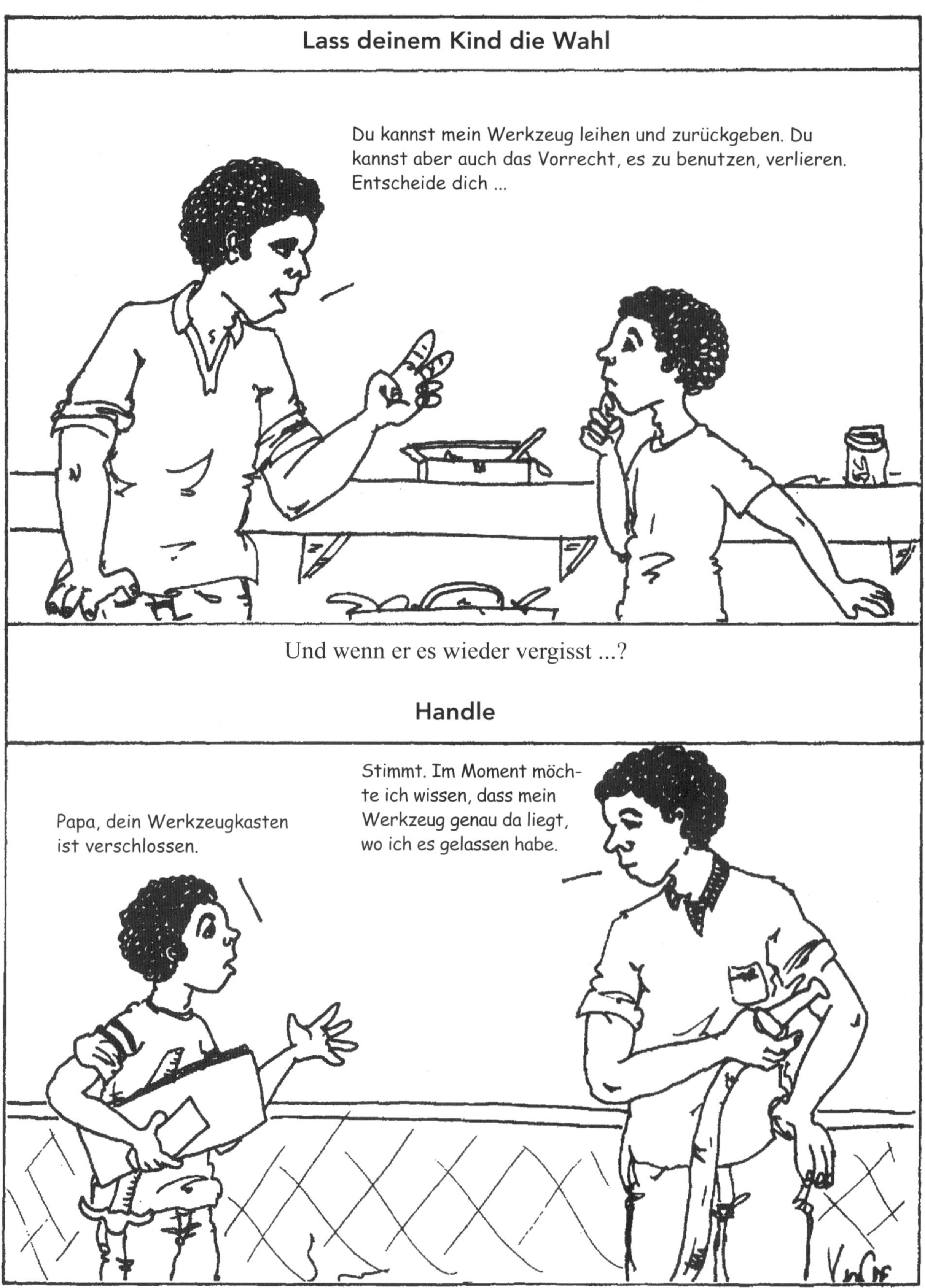

SITUATION

Stell dir vor, dass Bobby etwa sieben Jahre alt ist. Nach der Schule spielt er gerne mit seinen Freunden auf dem Pausenhof. Er weiß, dass er um 17.45 zu Hause sein soll, aber manchmal vergisst er es. Gestern kam er spät nach Hause. Seine Mutter war an diesem Tag sehr wütend. Deshalb fragt er heute seinen Freund nach der Zeit. Er will nicht, dass seine Mutter ihn noch einmal so anschreit. Sein Freund sagt ihm, dass es sechs Uhr abends ist. Auf der Stelle lässt Bobby alles stehen und liegen und rennt nach Hause. Ganz außer Atem erklärt er seiner Mutter, dass er diesmal daran gedacht hat, nach der Zeit zu fragen und dass er, als er erfuhr, wie spät es war, sofort nach Hause lief.

Reaktion der ersten Mutter/des ersten Vaters:

„Ich hab genug von deinen Entschuldigungen! Ich sehe, dass man kein Vertrauen in dich setzen kann. Diesmal wirst du bestraft. Nächste Woche kommst du jeden Tag sofort nach der Schule heim und bleibst zu Hause. Und glaub ja nicht, dass du bloß rumsitzt und fernsiehst. Auch wenn ich nicht zu Hause bin, gibt es für dich kein Fernsehen. Du kannst jetzt in dein Zimmer gehen, denn das Abendessen ist schon vorbei."

Was hat Bobby sich wohl dabei gedacht?

____

____

____

____

Reaktion der zweiten Mutter/des zweiten Vaters:

„Ach du, du bist ganz erhitzt vom Rennen. Ich hol einen Waschlappen und wisch dir dein Gesicht ab. Versprich mir, dass du nicht wieder zu spät kommst. Du machst noch ein Nervenbündel aus mir. Geh rein und wasch deine Hände, denn dein Essen wird kalt. Oh, vielleicht mach ich es dir noch mal warm."

Was hat Bobby sich wohl dabei gedacht?

____

____

____

____

Reaktion der dritten Mutter/des dritten Vaters:

„Du sagst, du hättest dich bemüht, und ich freue mich darüber. Aber ich rege mich immer noch auf. Ich will mir nicht wieder solche Sorgen machen müssen. Ich erwarte, dass ich mich auf deine Aussage, du bist um Viertel vor sechs zu Hause, verlassen kann. Wir haben schon gegessen. Es gibt kein Huhn mehr, aber wenn du möchtest, kannst du dir ein Sandwich machen."

Was hat Bobby sich wohl dabei gedacht?

____

____

____

____

PROBLEMLÖSUNG

PROBLEMLÖSUNG (Fortsetzung)

Schritt 5. Entscheide, welche Vorschläge dir gefallen, welche nicht und welche du umsetzen möchtest.

DIE ROLLE DER ELTERN

Ein Freund/eine Freundin hat dich gerade angerufen, um dir zu sagen, dass sie heute einige Untersuchungen im Krankenhaus hat. Er/Sie fragt, ob er/sie seine/ihre Tochter Cindy für den Nachmittag bei dir abgeben könnte. Er/sie hofft, rechtzeitig zum Abendessen zurück zu sein, ist sich aber nicht sicher ob er/sie es schafft. Du sagst „Ja", obwohl du weißt, dass dein Kind mit seiner/ihrer Tochter nicht sehr gut auskommt.

Du wirst dieselbe Szene zweimal spielen. Ignoriere beim ersten mal alle Einwände, egal, wie sehr dein Kind protestiert. Erkläre, warum Cindy kommen muss, und bestehe darauf.

Wenn die Szene vorbei ist, fange nochmal von vorne an. Diesmal nutzt du allerdings den Problemlösungsansatz. Du kannst den untenstehenden Entwurf zur Orientierung bei der Lösung des Problems nutzen.

1. *Sprich über die Gefühle deines Kindes.*

   Gib deinem Kind ausreichend Zeit, um alle möglichen Einwände gegen Cindys Besuch zu äußern. Höre wirklich zu und zeige ihm durch deine Reaktion, dass du es verstehst. Zum Beispiel:

   „Mensch, ich kann verstehen, dass einen das wütend machen kann!"

   „Es gibt also viele Gründe, weshalb du Cindy nicht in deiner Nähe haben möchtest."

2. *Sprich über deine Gefühle.*

   Beschreibe deinem Kind so einfach und ehrlich wie möglich, wie du dich fühlst. Zum Beispiel:

   „Ich finde, ich kann einen Freund, der ins Krankenhaus muss, nicht im Stich lassen."

3. *Sucht gemeinsam nach einer Lösung, der ihr beide zustimmen könnt.*

   „Lass uns mal überlegen. Vielleicht fällt uns eine Lösung ein, die für uns beide funktioniert."

– Fortsetzung auf der nächsten Seite –

4. *Schreibe alle Ideen auf – ohne zu werten.* (Du kannst dazu den freien Platz auf dieser Seite nutzen.)

   Wenn es möglich ist, gib deinem Kind die Möglichkeit, die ersten Vorschläge zu machen. Zum Beispiel:

   „Okay, deine erste Idee für eine Lösung wäre, dass Cindy nicht kommen darf. Ich schreibe das auf."

5. *Entscheidet, welche Vorschläge euch gefallen, welche nicht und welche ihr in die Tat umsetzen wollt.*

   „Nun, ich würde mich nicht wohlfühlen, wenn Cindy nicht kommen würde, aber schauen wir uns diesen nächsten Vorschlag an."

DIE ROLLE DES KINDES

Hin und wieder kommt der Freund/die Freundin deiner Mutter (oder deines Vaters) zu Besuch und bringt ihre/seine Tochter Cindy mit. Du hasst es, wenn sie kommt, weil du dann immer „nett“ mit ihr spielen sollst. Aber es ist unmöglich. Cindy ist so dominant. Du musst immer das spielen, was Cindy will. Und wenn du es nicht machst, rennt sie los und petzt und bringt dich dadurch in Schwierigkeiten. Nicht nur das, sie fasst alle deine Spielsachen an. Als sie letztes mal hier war, hat sie etwas kaputt gemacht. (Stell dir selbst vor, was es war – deine Puppe, dein Spielzeuglaster, dein Windrädchen, etc.)

Du wirst bald deine Mutter (oder deinen Vater) treffen. Er oder sie wird dir erzählen, dass Cindy zu Besuch kommt. Protestiere dagegen und versuche zu erklären, wieso du nicht willst, dass sie kommt.

Du wirst die Szene zweimal spielen.

Jedesmal wird deine Mutter/dein Vater anders reagieren. Achte darauf, wie unterschiedlich du dich während der beiden Szenen fühlst.

DAS PROBLEM DER ELTERN

Dein Sohn oder deine Tochter fragt, ob ein Freund am Samstag bei euch übernachten kann. Du sagst: „Lass mich darüber nachdenken." Später wird dir klar, wieso dir die Idee nicht gefällt. Sonntag ist der einzige Tag, an dem du ausschlafen kannst. Außerdem schläfst du zur besseren Belüftung bei offener Schlafzimmertür. Das letzte Mal, als dieser Freund bei euch übernachtet hat, wurdest du ständig geweckt von:

Gekreische und Gekicher bis um zwei in der Nacht.

Dem wiederholten Geräusch der Toilettenspülung aus dem Badezimmer neben deinem Schlafzimmer.

Dem Klirren von Geschirr um sieben Uhr morgens, als sie ihr Frühstück zubereiteten.

Lauten Fernsehgeräuschen.

Andererseits hast du bemerkt, dass deine Tochter (oder dein Sohn) in letzter Zeit nicht viele Freunde hat, mit denen sie/er spielen kann, und einsam wirkt. Ein Teil von dir will sagen: „Ja, lade deinen Freund ein", und ein anderer Teil will sagen: „Nein, ich brauche meinen Schlaf." Statt, dass dein Kind seinen Kopf durchsetzt oder du den deinen, entscheidest du, dass ihr gemeinsam versuchen solltet eine Lösung auszuarbeiten, der ihr beide zustimmen könnt.

Nutze die folgende Zusammenfassung als Anleitung zur Lösung des Problems.

1. *Du fühlst dich ...*

„Du willst wirklich, dass dein Freund bei dir übernachtet."

2. *Ich fühle mich ...*

„Ich würde gerne Ja sagen, aber ich befürchte, dass ich nicht genügend Schlaf bekommen könnte. Letztes Mal ..."

3. *Brainstorming*

„Lass uns die Köpfe zusammenstecken und sehen, ob uns eine Lösung einfällt, die für uns beide funktioniert." (Gib deinem Kind die Möglichkeit, die ersten Vorschläge zu machen. Wenn er oder sie eine allgemeine Lösung nennt, etwa: „Wir werden leise sein", bitte ihn oder sie konkret zu sein.)

4. *Schreibe alle Vorschläge auf, ohne zu werten.* (Du kannst die Rückseite dieser Seite verwenden.)

5. *Wählt die Vorschläge aus, die euch beiden gefallen.*

DAS PROBLEM DES KINDES

In letzter Zeit gab es nicht viele Leute, mit denen du spielen konntest und du warst einsam. Du lädst ein Kind ein, das schon einmal bei dir übernachtet hat, wieder bei dir zu übernachten. Er oder sie sagt: „Okay, aber meine Mutter lässt mich nur Samstag Abend übernachten.“ Du hast dich noch nicht getraut deine Eltern zu fragen, weil die letzte Übernachtungsaktion missglückt war. Deine Eltern waren damals wütend über all den Lärm. Aber es war nicht deine Schuld. Dein nerviger Bruder versteckte sich die ganze Zeit im Schrank, sprang heraus und erschreckte euch. Deshalb habt ihr geschrien. Und du konntest nichts dafür, dass dein Freund/deine Freundin die Toilettenspülung so oft betätigte. Sie/er musste aufs Klo.

Als du schließlich um Erlaubnis fragst, sagt deine Mutter/dein Vater: „Lass mich darüber nachdenken.“ Du wünschst dir von ganzem Herzen, dass die Antwort „JA!“ sein wird.

Wenn du auf deine Mutter/deinen Vater triffst, beginne das Gespräch mit: „Also, kann Jane (oder John) am Samstag bei mir übernachten?“

HAUSAUFGABE

1. Nutze in der kommenden Woche eine Alternative zur Bestrafung. Welche Alternative hast du genutzt? Wie hat dein Kind reagiert?

   ____

   ____

   ____

   ____

   ____

2. Wähle ein Problem aus, das regelmäßig bei euch zu Hause auftritt und das durch den Pröblemlösungsansatz abgeschwächt werden könnte. Nutze den Ansatz mit deinem Kind (wähle Ort und Zeit so, dass ihr nicht gestört werdet) und schreibe kurz auf, was geschehen ist, sodass du die Erfahrung mit der Gruppe teilen kannst. (Du kannst die Rückseite dieser Seite nutzen.)
3. Lies Teil 2 des dritten Kapitels in *So sag ich's meinem Kind.* (S. 135)

   Lies „Eltern sind Menschen“ Kapitel 9-12 in *Entspannte Eltern – entspannte Kinder.*
4. Bereite dich darauf vor, der Gruppe mindestens eine Idee aus dem Text vorzustellen, die du interessant oder hilfreich fandest.

   ____

   ____

   ____

   ____

   ____

ERINNERUNGSKARTE

Alternativen zur Bestrafung

1. **Zeige einen Weg, der hilfreich ist**

2. **Drücke starke Missbilligung aus (ohne das Kind anzugreifen)**
   „Ich bin so wütend, dass meine Säge draußen im Regen lag und verrostet ist!"

3. **Nenne deine Erwartungen**

   „Ich erwarte, dass meine Werkzeuge zurückgelegt werden, nachdem sie jemand ausgeliehen hat."

4. **Zeig deinem Kind, wie es etwas wiedergutmachen kann**

   „Was diese Säge jetzt braucht, sind ein bisschen Stahlwolle und eine große Portion Ellbogenschmiere."

5. **Lasse deinem Kind die Wahl**

   „Du kannst meine Werkzeuge ausleihen und sie zurückgeben oder du kannst auf das Privileg verzichten, sie zu benutzen. Es ist deine Entscheidung."

6. **Handle**

   Kind: Dein Werkzeugkasten ist verschlossen!

   Vater: Stimmt! Im Moment möchte ich wissen, dass mein Werkzeug genau da liegt, wo ich es gelassen habe.

7. **Problemlösung**

   „Was können wir uns ausdenken, so dass du meine Werkzeuge benutzen kannst, wenn du sie brauchst, und ich mir sicher sein kann, dass sie da sind, wenn ich sie brauche?"

4. TREFFEN

Selbstständigkeit fördern

LASS DEIN KIND EINE ENTSCHEIDUNG TREFFEN

ZEIGE RESPEKT VOR DEM KAMPF DEINES KINDES

STELLE NICHT ZU VIELE FRAGEN

ANTWORTE NICHT VOREILIG AUF FRAGEN

ERMUTIGE DEIN KIND, AUCH QUELLEN AUSSERHALB VON ZU HAUSE ZU NUTZEN

NIMM DEINEM KIND NICHT DIE HOFFNUNG

AUFGABE

Die Mutter/der Vater sagt:	Aussage, welche die Selbstständigkeit fördert:
1. „Geh jetzt baden."	1. (Biete eine Auswahl an.)
2. Warum fällt es dir so schwer, die Stiefel anzuziehen? Hier, nimm deinen Fuß hoch. Ich mach das für dich.	2. (Zeige Respekt vor dem Kampf deines Kindes.)
3. Hattest du heute Spaß im Lager? Warst du schwimmen? Mochtest du die anderen Kinder? Wie war euer Betreuer?	3. (Stelle nicht zu viele Fragen.)

Die Mutter/der Vater sagt:	Aussage, welche die Selbstständigkeit fördert:
4. *Kind:* Warum muss Papa jeden Tag arbeiten? *Mutter/Vater*: Papa muss jeden Tag arbeiten gehen, damit wir uns dieses schöne Haus, gutes Essen, hübsche Kleider und ...“	4. (Antworte nicht voreilig.)
5. *Teenager*: Ich werde zu dick. Ich will eine Diät machen. Was soll ich essen? Mutter/Vater: Seit Jahren predige ich, du sollst nicht dauernd Kuchen und Süßigkeiten essen, sondern anfangen, Gemüse und Obst zu essen.	5. (Ermutige dein Kind dazu, auch Quellen außerhalb von zu Hause zu nutzen.)
6. *Kind*: Papa, wenn ich groß bin, werde ich Lehrer/Lehrerin. *Papa:* Rechne nicht damit. Höhere Schulen sind überfüllt mit zukünftigen Lehrern, die nach dem Examen keine Arbeit finden.	6. (Nimm deinem Kind nicht die Hoffnung.)

Selbstständigkeit fördern

1. Was müsste ich sagen oder tun, um mein Kind von mir abhängig zu halten?
2. Was könnte ich sagen oder tun, um die Selbstständigkeit meines Kindes zu fördern?

Benutze eine der folgenden Methoden: (oder eine Kombination)

Akzeptiere die Gefühle deines Kindes

Beschreibe deine Gefühle

Informiere

Wende die Problemlösung an

Biete eine Auswahl an

Zeige Respekt für die Sorgen des Kindes

Stelle nicht zu viele Fragen

Antworte nicht voreilig

Ermutige dein Kinder dazu, auch Quellen außerhalb von zu Hause zu nutzen

Nimm den Kindern nicht die Hoffnung

MORGEN

Kind: Ich kam heute zu spät zur Schule. Du musst mich morgen früher wecken.

Mutter/Vater: (Kind abhängig haltend) ______________________________

____

Mutter/Vater: (die Selbstständigkeit des Kindes fördernd) ____________________

____

____

Kind: Ich mag keine Früchstücksflocken mehr, und ich habe genug von Eiern. Ich werde ab sofort kein Frühstück mehr essen.

Mutter/Vater: (Kind abhängig haltend) ______________________________

____

Mutter/Vater: (die Selbstständigkeit des Kindes fördernd) ____________________

____

____

– Fortsetzung folgt –

Kind: Ist es kalt draußen? Brauche ich eine Jacke?

Mutter/Vater: (Kind abhängig haltend) ______________________________

____

Mutter/Vater: (die Selbstständigkeit des Kindes fördernd) ____________________

____

____

Kind: Oh, Mist. Ich kriege diesen Knopf nie zu.

Mutter/Vater: (Kind abhängig haltend) ______________________________

____

Mutter/Vater: (die Selbstständigkeit des Kindes fördernd) ____________________

____

____

Du entdeckst, dass dein Kind sein Pausenbrot vergessen hat.

Mutter/Vater: (Kind abhängig haltend) ______________________________

____

Mutter/Vater: (die Selbstständigkeit des Kindes fördernd) ____________________

____

____

– Fortsetzung auf der nächsten Seite –

NACHMITTAG

Dein Kind kommt nach Hause und sieht verärgert aus. Es wirft seine Bücher auf den Boden und sagt nichts.

Mutter/Vater: (Kind abhängig haltend) ______________________________

____

Mutter/Vater: (die Selbstständigkeit des Kindes fördernd) ______________________

____

____

Kind: Wieso muss ich jeden Tag zur Schule gehen?

Mutter/Vater: (Kind abhängig haltend) ______________________________

____

Mutter/Vater: (die Selbstständigkeit des Kindes fördernd) ______________________

____

____

ABEND

Kind: Schau mal den Pilz an, den ich auf dem Nachhauseweg von der Schule gefunden habe. Woher weiß man, ob diese Dinger giftig sind oder nicht?

Mutter/Vater: (Kind abhängig haltend) ______________________________

____

Mutter/Vater: (die Selbstständigkeit des Kindes fördernd) ______________________

____

____

– Fortsetzung auf der nächsten Seite –

Kind: Muss ich den Rasen mähen? Ich habe viele Hausaufgaben auf.

Mutter/Vater: (Kind abhängig haltend) ______________________________

____

Mutter/Vater: (die Selbstständigkeit des Kindes fördernd) ____________________

____

____

Kind: Weißt du was? Ich werde mit meinem Taschengeld auf ein Pferd sparen.

Mutter/Vater: (Kind abhängig haltend) ______________________________

____

Mutter/Vater: (die Selbstständigkeit des Kindes fördernd) ____________________

____

____

KIND

Teil I

Du bist zwölf Jahre alt. Du bist zur Feier einer guten Freundin/eines guten Freundes eingeladen. Du bist nicht sicher ob du hingehen willst, weil du einge der Kinder, die eingeladen sind, nicht ausstehen kannst. Sie gehören alle zu den „coolen Kindern" – die, die entscheiden, wer „dazu gehört" und wer nicht. Sie flüstern auch zusammen, lachen über ihre privaten Witze und ignorieren dich, wenn du versuchst mit ihnen zu sprechen. Sie haben einen Spitznamen für jeden, der nicht Teil ihrer kleinen Clique ist.

Andererseits befürchtest du, deine Freundin/dein Freund könnte verletzt sein, wenn du nicht zu ihrer/seiner Party gehst. Und da gibt es dieses neue Kind, das nett zu sein scheint und ganz sicher zu der Feier kommen wird.

Du willst es mit deinen Eltern besprechen, aber du zögerst, weil du nicht willst, dass man dich für „zu sensibel" oder „albern" hält. Beginne das Rollenspiel indem du sagst: *„Mary hat mich zu ihrer Party eingeladen, aber ich weiß nicht ... Was sollte ich deiner Meinung nach tun?"*

Wenn die Szene zu ihrem natürlichen Abschluss gekommen ist, beantworte die folgende Frage:

Wie hast du dich bei dem Versuch mit deinen Eltern zu sprechen gefühlt?

____

____

____

____

Teil II

Die Situation ist genau dieselbe, nur wird dein Vater/deine Mutter diesmal anders reagieren. Beginne das Rollenspiel wieder, indem du sagst: *„Mary hat mich zu ihrer Party eingeladen, aber ich weiß nicht ... Was sollte ich deiner Meinung nach tun?"*

Wenn die Szene zu ihrem natürlichen Abschluss gekommen ist, beantworte die folgenden zwei Fragen:

Wie hast du dich bei dem Versuch mit deinen Eltern zu sprechen gefühlt?

____

____

Wie hast du dich bezüglich der Party entschieden? ____________________

____

____

ELTERN

Teil I

Dein zwölfjähriges Kind erzählt dir, dass er oder sie sich unsicher ist, ob er/sie zur Feier einer guten Freundin/eines guten Freundes gehen soll. Während des ersten Rollenspiels, überzeuge das Kind davon, dass es gehen sollte. Egal welche Gedanken oder Gefühle es ausdrückt, dränge es weiterhin dazu, zur Feier zu gehen. Zum Beispiel:

„Ach, geh doch. Du wirst sehen, dass es dir Spaß macht."

„Sei nicht so sensibel."

„Es wäre dumm von dir, zu Hause zu bleiben und den ganzen Spaß zu verpassen."

Dein Kind wird das Rollenspiel mit den Worten beginnen: *„Mary hat mich zu ihrer Party eingeladen, aber ich weiß nicht ... Was sollte ich deiner Meinung nach tun?"*

Wenn die Szene so weit gespielt wurde, wie möglich, beantworte die folgende Frage:

Wie hast du dich gefühlt, als du dein Kind dazu überreden wolltest, zu der Feier zu gehen?

____

____

____

Teil II

Die Situation ist genau dieselbe, nur werden deine Antworten diesmal alle einfühlsam (akzeptierend) sein. Dein Kind wird das Rollenspiel wieder eröffnen, indem es sagt: *„Mary hat mich zu ihrer Party eingeladen, aber ich weiß nicht ... Was sollte ich deiner Meinung nach tun?" Du kannst antworten mit: „Du scheinst im Zweifel darüber zu sein, ob du gehen sollst oder nicht."*

Während dein Kind weiterspricht, reflektiere weiter seine Gefühle, zum Beispiel:

„Oh, es stört dich also, wenn andere Kinder ..."

„Es gefällt dir wirklich nicht, wenn sie ..."

„Du würdest dir wünschen, dass sie ..."

„Doch andererseits denkst du, Mary könnte sich verletzt fühlen ..."

„Das ist eine schwierige Entscheidung."

Hab keine Angst, wenn zwischen euch Schweigen eintritt. Die Pausen geben deinem Kind Zeit nachzudenken. Wenn euer Gespräch beendet ist, beantworte die folgende Frage:

Wie hast du dich gefühlt, während du dem Kind zugehört hast?

____

____

____

DIE SELBSTSTÄNDIGKEIT DEINES KINDES FÖRDERN

1. Gibt es etwas, was du für dein Kind tun könntest – was es aber vielleicht selbst erledigen könnte?

   ____

   ____

   ____

   ____

2. Wie könntest du diese Verantwortung an dein Kind abgeben, ohne dass es überfordert wird? (Die meisten Kinder reagieren nicht gut auf die Bemerkung: „Du bist jetzt ein großer Junge [oder ein großes Mädchen]", oder: „Du bist alt genug, dich allein anzuziehen, allein zu essen, allein das Bett zu machen", etc.)

   ____

   ____

   ____

   ____

HAUSAUFGABE

1. Setze mindestens zwei Methoden in die Tat um, die dein Kind darin bestärken könnten, sich selbst als unabhängige, kompetente, selbstständige Persönlichkeit wahrzunehmen.

2. Welche Methoden hast du genutzt? Wie hat dein Kind reagiert?

3. Lies Teil 2 von Kapitel 4 in *So sag ich's meinem Kind. (S. 184)*
   Lies Kapitel 5 in *Entspannte Eltern - entspannte Kinder. (S. 55)*

4. Bereite dich darauf vor, der Gruppe mindestens eine Idee aus dem Text vorzustellen, die du interessant oder hilfreich fandest.

ERINNERUNGSKARTE

So förderst du die Selbstständigkeit deines Kindes

1. **Lass dein Kind eine Entscheidung treffen**

   „Willst du heute deine graue oder deine rote Hose anziehen?“

2. **Zeige Respekt vor dem Kampf des Kindes**

   „Es kann schwierig sein, ein Glas zu öffnen. Manchmal hilft es mit einem Löffel an die Seite des Deckels zu klopfen.“

3. **Stelle nicht zu viele Fragen**

   „Ich freue mich, dich zu sehen. Willkommen zu Hause.“

4. **Antworte nicht voreilig auf Fragen**

   „Das ist eine interessante Frage. Was meinst du?“

5. **Ermutige dein Kind, auch Quellen außerhalb von zu Hause zu nutzen**

   „Vielleicht hat der Tierhändler einen Vorschlag.“

6. **Nimm deinem Kind nicht die Hoffnung**

   „Du willst also für das Stück proben! Das wird sicher eine interessante Erfahrung sein.“

5. TREFFEN

Lob und Selbstbewusstsein

FRAGEN FÜR DIE DISKUSSION

1. Was könnten die Gründe dafür sein, dass David eher als Mark freiwillige Aufgaben übernimmt?
2. Worin besteht deiner Meinung nach der Zusammenhang zwischen dem Selbstbild eines Kindes und seiner/ihrer Bereitschaft Herausforderungen anzunehmen und das Risiko des Versagens zu akzeptieren?
3. Worin besteht der Zusammenhang zwischen dem Selbstbild eines Kindes und den Zielen, die es sich selbst setzt?

Mark und David sind beide durchschnittlich gut in Mathe. Später an diesem Tag gibt die Lehrerin einen schriftlichen Test in Division zurück, den die Kinder einige Tage zuvor geschrieben haben. Beide Kinder haben eine „4“ auf ihre Arbeit bekommen.

4. Was könnte Mark sich sagen, wenn er seine schlechte Note sieht?
5. Was könnte David sich sagen, wenn er seine schlechte Note sieht?

DEINE REAKTION AUF LOB

Situation I.

Du bekommst unerwartet einen Gast zum Abendessen. Du wärmst eine Dose Hühnercremesuppe auf, fügst ein paar Hühnchen-Reste vom Mittagessen hinzu und servierst das Ganze mit Minutenreis.

Dein Gast sagt: „Du bist eine großartige Köchin/ein großartiger Koch!"

Deine innere Reaktion:

____

____

____

Situation II.

Du hast gerade Pullover und Jeans gegen ein neues Outfit getauscht, um zu einem wichtigen Treffen zu gehen.

Unterwegs triffst du eine/n Bekannte/n. Diese/r schaut dich an und meint: „Du bist immer so schön angezogen!"

Deine innere Reaktion:

____

____

____

Situation III.

Du besuchst einen Fortbildungskursus für Erwachsene. Nach einer lebhaften Diskussion, an der du teilgenommen hast, kommt einer der Teilnehmer auf dich zu und sagt: „Du hast einen glänzenden Verstand!"

Deine innere Reaktion:

____

____

____

– Fortsetzung auf der nächsten Seite –

Situation IV.

Du bist gerade dabei, Tennisspielen zu lernen. So sehr du dich auch bemühst, du erzielst einfach keine Fortschritte mit deinem Aufschlag. Meistens geht der Ball ins Netz oder ins Aus. Heute spielst du im Doppel mit einem neuen Partner, und dein erster Aufschlag landet dort, wo du gehofft hattest. Dein Partner meint: „Hey, Du hast einen perfekten Aufschlag.“

Deine innere Reaktion:

____

____

____

BESCHREIBENDES LOB

ANNERKENNENDES BESCHREIBENDES LOB

Situation I.

Deine kleine Tochter hat sich gerade das erste Mal allein angezogen. Sie steht vor dir und hofft, dass du es bemerkst.

Lob, das nicht hilft: ______________________________

____

Was denkt sich dein Kind wohl? ______________________________

____

Lob, bei dem du detailliert beschreibst, was du siehst oder fühlst: ______________

____

____

____

Was denkt sich dein Kind wohl? ______________________________

____

____

Situation II.

Du wurdest eingeladen, deinem Kind beim Schultheaterstück zuzusehen. Dein Kind spielt die Rolle des Königs, der Königin oder der Hexe. (Wähle eines aus.) Nach dem Stück kommt dein Kind zu dir gelaufen und fragt: „War ich gut?"

Lob, das nicht hilft: ______________________________

____

Was denkt sich dein Kind wohl?______________________________

____

Lob, bei dem du detailliert beschreibst, was du siehst oder fühlst: ____________________

____

____

____

Was denkt sich dein Kind wohl? ____________________

____

____

Situation III.

Du merkst, dass dein Kind sich schrittweise in der Schule verbessert. Seine Aufsätze haben jetzt Ränder. Es übt sich im Lernen von Wörtern, bis es sie auswendig kann. Sein letzter Bericht war einen Tag vor dem Termin fertig.

Lob, das nicht hilft: ____________________

____

Was denkt sich dein Kind wohl? ____________________

____

Lob, bei dem du detailliert beschreibst, was du siehst oder fühlst: ____________________

____

____

____

Was denkt sich dein Kind wohl? ____________________

____

____

____

Situation IV.

Du lagst ein paar Tage krank im Bett. Dein Kind hat dir eine Gute-Besserung-Karte gezeichnet, mit Ballons und Herzen drauf. Jetzt wartet es auf deine Reaktion.

Lob, das nicht hilft: ____

____

Was denkt sich dein Kind wohl? ____

____

Lob, bei dem du detailliert beschreibst, was du siehst oder fühlst: ______________________

____

____

____

Was denkt sich dein Kind wohl? ____

____

____

____

ZUSAMMENFASSEN IN EINEM WORT

DEIN KIND LOBEN

1. Eine Eigenschaft, die ich an meinem Kind schätze:

2. Etwas, was mein Kind vor Kurzem getan hat und was ich schätzte, ohne es jedoch zu erwähnen:

3. Was könnte ich sagen, um meinem Kind meine Wertschätzung zu zeigen und dabei beschreibendes Lobes anzuwenden?

HAUSAUFGABE

1. Lobe in dieser Woche jedes deiner Kinder zumindest einmal auf beschreibende Weise.
2. Notiere die Dialoge und die Reaktion der Kinder.

3. Gibt es irgend eine andere Methode, die du in dieser Woche genutzt hast? Beschreibe, was passiert ist.

4. Lies Teil 2 von Kapitel 5 in *So sag ich's meinem Kind.* (S. 218)

   Lies Kapitel 4 in *Entspannte Eltern – entspannte Kinder.* (S. 47)
5. Bereite dich darauf vor, der Gruppe mindestens eine Idee aus dem Text vorzustellen, die du interessant oder hilfreich fandest.

ERINNERUNGSKARTE

Lob, das Selbstbewusstsein fördert

1. **Beschreibe, was du siehst**

   „Ich sehe einen sauberen Boden, ein glattes Bett und Bücher, die exakt in einer Reihe auf dem Regal stehen."

2. **Beschreibe, was du fühlst**

   „Es ist ein Vergnügen, in dieses Zimmer zu kommen!"

3. **Fasse das lobenswerte Verhalten deines Kindes mit einem Begriff zusammen**

   „Du hast deine Kugelschreiber, Buntstifte und Bleistifte sortiert und in verschiedene Schachteln gelegt. Das nenne ich Organisation!"

6. TREFFEN

Rollenverhalten von Kindern

Suche nach Gelegenheiten, deinem Kind ein anderes Bild von sich zu zeigen

BRINGE DEIN KIND IN SITUATIONEN, IN DENEN ES SICH EINMAL ANDERS SEHEN KANN

LASS DEIN KIND MITHÖREN, WENN DU POSITIV ÜBER ES REDEST

FÜHRE DEINEM KIND DAS VERHALTEN VOR, DAS DU GERN SEHEN MÖCHTEST

SEI EINE FUNDGRUBE FÜR DIE BESONDEREN MOMENTE IM LEBEN DEINES KINDES

FÄLLT DEIN KIND IN SEINE ALTE ROLLE ZURÜCK, DANN ÄUSSERE DEINE GEFÜHLE UND/ODER ERWARTUNGEN

DAS „SCHUSSELIGE" KIND

Stell dir vor, dass du dein Kind immer für „schusselig" gehalten hast, und nicht ohne Grund. Kaum eine Woche vergeht, in der es nicht einen Pullover verliert, einen Regenmantel, die Fäustlinge, das Essensgeld. Es denkt selten daran, wichtige Nachrichten aus der Schule mitzubringen. Wenn es Zeit für die Hausaufgaben ist, ist das Hausaufgabenheft meist unauffindbar. Das neue Fahrrad beginnt schon zu rosten, weil es so oft über Nacht draußen im Regen stand. Trotz deiner ständigen Hinweise, brennt das Licht nachts immer noch überall im Haus. Brandneue Kleidung hat nach ein paar Tagen schon Flecken oder Löcher. Nichts wird jemals zurück an seinen Platz gelegt, man kann nichts mehr finden. Die typische Frage von diesem Kind lautet: „Wer hat meine Brille (Handschuhe, Turnschuhe, Hausaufgaben, ...) gesehen?" Es gibt ein paar positive Dinge, die dieses Kind getan hat, aber es bringt dich oft so aus der Fassung, dass es dir schwer fällt dich daran zu erinnern.

Statt dieses Kind darin zu bestärken, sich als „schusselige" Person zu sehen, wollen wir versuchen, ihm dabei zu helfen, sich auf eine andere Weise wahrzunehmen.

Auf der nächsten Seite werden du und dein Partner mindestens sechs konkrete Methoden aufschreiben, mit denen ihr, basierend auf den Methoden aus diesem Kapitel, hilfreich für euer Kind sein könnt.

DEINEM KIND HELFEN, DIE ROLLE DES „SCHUSSELIGEN" LOSZUWERDEN

(Schreibe, wenn möglich, auf, was du tatsächlich sagen würdest.)

1. Suche nach Gelegenheiten, deinem Kind ein anderes Bild von sich selbst zu zeigen.

   ____

   ____

2. Bring das Kind in Situationen, in denen es sich anders sehen kann.

   ____

   ____

3. Lass das Kind mithören, wenn du positiv über es redest.

   ____

   ____

4. Führe deinem Kind das Verhalten vor, das du gern sehen möchtest.

   ____

   ____

5. Sei eine Fundgrube für die besonderen Momente im Leben deines Kindes.

   ____

   ____

6. Fällt dein Kind in seine alte Rolle zurück, dann äußere deine Gefühle und/oder Erwartungen.

   ____

   ____

7. Gibt es noch andere Methoden aus früheren Kursen, die hilfreich sein könnten?

   ____

   ____

HAUSAUFGABE

1. Könnte es vielleicht eine Rolle geben, in der dein Kind gefangen ist – sei es zu Hause, in der Schule, bei Freunden oder Großeltern?

___

___

2. Welche Methoden hast du angewendet, um deinem Kind zu helfen, anders von sich selbst zu denken?

___

___

___

___

(Benutze die Rückseite dieser Seite, wenn du mehr Platz brauchst.)

3. Lies Teil 2 von Kapitel 6 in *So sag ich's meinem Kind.* (S. 252)

   Lies Kapitel 7 in *Entspannte Eltern – entspannte Kinder. (S. 83)*

4. Bereite dich darauf vor, der Gruppe mindestens eine Idee aus dem Text vorzustellen, die du interessant oder hilfreich fandest.

___

___

___

5. Für die abschließende Sitzung kannst du ein Problem aus deiner eigenen Familie einbringen, von dem du denkst, dass zur Lösung die Diskussion in der Gruppe/das Anwenden von Kommunikationsmethoden nützlich sein könnte.

6. Bitte bring deine Erinnerungskarten mit. Sie werden in der Diskussion genutzt werden.

Erinnerungskarte

Kinder aus Rollen befreien, in denen sie feststecken

1. **Suche nach Gelegenheiten, deinem Kind ein anderes Bild von sich selbst zu zeigen**

   „Du hast dieses Spielzeug schon, seit du drei bist, und es sieht aus wie neu!"

2. **Bringe dein Kind in Situationen, in denen es sich anders sehen kann**

   „Sara, könntest du den Schraubenzieher nehmen und die Griffe an diesen Schubladen festziehen?"

3. **Lass dein Kind mithören, wenn du positiv über es redest**

   „Er hat seinen Arm ruhig gehalten, obwohl der Nadelstich weh tat."

4. **Führe deinem Kind das Verhalten vor, das du gern sehen möchtest**

   „Es ist schwer zu verlieren, aber ich werde versuchen, es sportlich zu nehmen. Herzlichen Glückwunsch!"

5. **Sei eine Fundgrube für die besonderen Momente im Leben deines Kindes**

   „Ich erinnere mich, wie du einmal ..."

6. **Fällt dein Kind in seine alte Rolle zurück, dann äußere deine Gefühle und/ oder deine Erwartungen**

   „Diese Art zu reden stört mich. Kannst du mich auf eine andere Art fragen?"

7. TREFFEN

Abschließende Diskussion

Anmerkung der Autorinnen

Wir dachten, es würde dich interessieren, zu erfahren, was andere Gruppen gemacht haben, als der Kurs sich dem Ende neigte. Manche entschieden, sich weiterhin als formlose Diskussionsgruppe zu treffen. Andere hatten das Gefühl, dass sieben Sitzungen genug für sie wären, und dass ein fortlaufendes Partnersystem ihnen am meisten nützen würde. Wenn es zu Hause brenzlig würde, wünschten sie sich einen Notruf zu jemandem mit ähnlicher Ausrichtung, der ihnen zuhören würde, ohne zu urteilen. Und so wurde eine Liste mit Namen, E-Mail-Adressen und Telefonnummern zusammengestellt und allen Teilnehmern ausgeteilt.

Wie auch immer ihr euch entscheidet, wir wünschen euch allen viel Glück.

Notizen

Notizen

Notizen

Notizen

OBERSTEBRINK

Mehr von Adele Faber und Elaine Mazlish

Alles, was Sie für den Umgang mit Geschwistern wissen müssen

Erfahren Sie, wie Sie durch einfache Gesprächs- und Umgangsregeln Rivalitäten zwischen Kindern abbauen können und wie Sie Selbstbewusstsein und Motivation jedes einzelnen Kindes stärken, ohne ungerecht zu sein oder Neid aufkommen zu lassen.

Hilfe, meine Kinder streiten

Wie Sie Geschwistern helfen, einander zu respektieren

Broschur, 240 Seiten, 4-fbg. mit Fotos

19,95 € [D], 20,50 € [A]

ISBN 978-3-934333-60-4

Krisenlösung für die Westentasche

Schnelle Hilfe bei streitenden Kindern und fehlgeleiteter Kommunikation. Bewährte Tipps, Illustrationen und zahlreiche Beispiele zeigen, wie Sie ein harmonisches Familien- klima herstellen und erhalten können.

Elternsein für Einsteiger

Einfache Regeln für ein glückliches und krisenfestes Familienleben

Broschur, 96 Seiten, sw illustriert

9,95 € [D], 10,20 € [A]

ISBN 978-3-934333-51-2

Aller Anfang ist schwer

In ihrem wohl persönlichsten Buch berichten Adele Faber und Elaine Mazlish von ihren ganz eigenen Erfahrungen bei der Kindererziehung, beim Besuch der Elterngruppe von Dr. Ginott und bei der Leitung ihrer ersten eigenen Elternkurse.

Entspannte Eltern – entspannte Kinder

Verständnis und Verständigung

als Schlüssel zum Glück

Hardcover, 272 Seiten, 4-fbg. mit Fotos

19,95 € [D], 20,50 € [A]

ISBN 978-3-934333-64-2